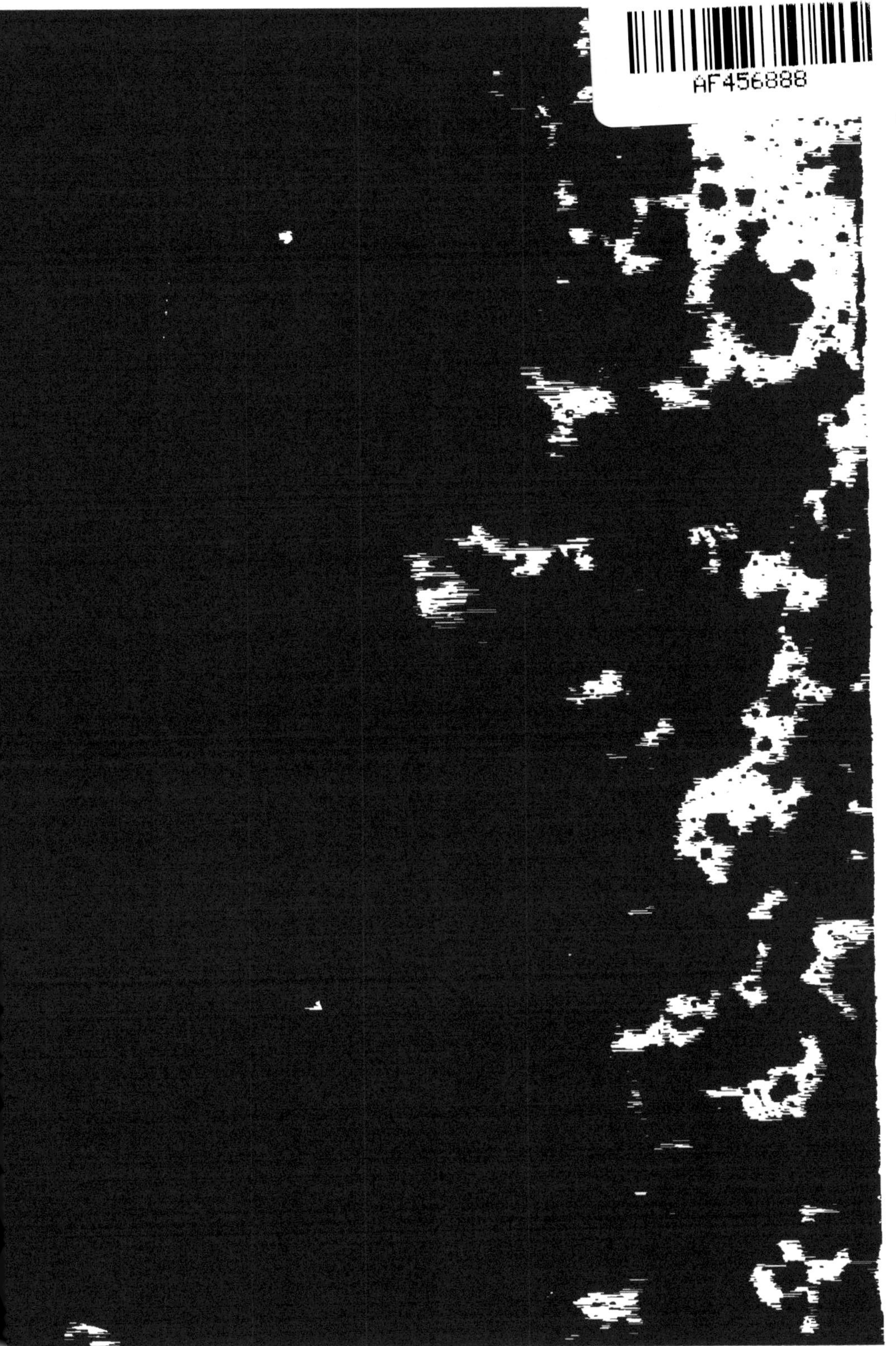

DE LA RÉPUBLIQUE,

OU

COUP-D'OEIL POLITIQUE

Sur l'avenir de la France,

PAR DUMOURIEZ.

Vox populi, vox Dei.

La volonté du peuple est un arrêt céleste
Qui décide son sort, ou propice, ou funeste.

A HAMBOURG, chez B. G. Hoffmann,
A PARIS,
Chez les marchands de Nouveautés.

1797.

TABLEAU HISTORIQUE.

TANT que la nation françaiſe n'avoit pas encore prononcé dans des aſſemblées légales ſa dernière volonté ſur le genre de conſtitution qu'elle voudroit ſe donner, pour terminer ſa trop ſanglante & trop longue révolution, non ſeulement il a été libre à chaque citoyen d'énoncer ſon opinion & ſon vœu en faveur de la monarchie, ou de la république; mais il étoit même du devoir de chaque Français de ſoutenir ſon avis avec les argumens les plus forts, duſſent-ils offenſer les partiſans de l'avis contraire.

L'intérêt de l'objet ſur lequel la nation avoit à prononcer étoit trop important pour ne pas juſtifier la chaleur des opinions. Il y eût eu même plus de crime à ménager lâchement l'opinion dominante, qu'à irriter ses adversaires, par par une résistance trop opiniâtre.

Tant que la dispute sur cette importante question n'a consisté qu'en paroles & en écrits, il n'y a aucun délit, quelques violentes qu'aient pu être les personnalités, parce que la patrie est tout, & que les individus ne sont rien.

Si l'esprit de faction & de haine a égaré les deux partis, ce qui seroit facile à démontrer, l'établissement de la république consentie par la majorité absolue de la nation, doit être l'époque d'une amnistie générale; sans quoi le terrorisme seroit rétabli, le corps législatif débuteroit par être le vengeur de la convention, & le directoire exécutif ne seroit que le satellite d'un régime féroce, qui anéantiroit dès sa naissance la constitution de 1795.

Les sections de Paris ont lutté contre la convention, ou plutôt contre le parti qui la dominoit. Elles venoient de la sauver du poignard des assassins, elles ont vu ces mêmes assassins délivrés par la convention des fers dont elle les avoit chargés, soustraits à la rigueur des loix qui devoient venger le sang de tant de citoyens. Elles ont vu ces mêmes assassins reparoître effrontément dans les rues, dans les places publiques, dans les maisons, braver l'horreur publique, se présenter aux assemblées primaires, soutenus d'abord secrètement, ensuite publiquement, par cette même convention.

Alors l'indignation des sections provoquée d'ailleurs par les insultes que plusieurs fois leurs députations ont essuyées à la barre, les a entraînées dans des démarches illégales; et (ce qui est à peine croyable) la convention environnée d'une armée nombreuse, qui avoit juré de défendre la constitution, a cru devoir ajouter à cette force l'armement de ses propres assassins contre ses libérateurs; & pendant qu'elle établissoit dans trois sections trois tribunaux militaires, elle a retiré tous les décrets de rigueur qu'elle avoit lancés contre les monstres sanguinaires qui avoient dévasté & avili la France.

Voilà sans contredit des torts mutuels, mais les sections sont abrogées, la convention n'existe plus. Que doit faire la nation régénérée & républicaine? Ordonner l'oubli du passé, sans quoi il conviendroit de juger avec la même sévérité & les sections & la convention nationale.

Ce qui peut en quelque ſorte juſtifier la convention, non pas du réarmement des terroriſtes, qui eſt inexcuſable; mais de ſa ſévérité contre les trois ſections de Paris, c'eſt la complication des complots des royaliſtes avec la querelle des ſections.

Il n'eſt pas douteux que dans toutes les occaſions de diſſention, ſur-tout pendant la guerre, on rencontrera toujours, & des manœuvres ſecrètes des ennemis extérieurs de la France, & des conjurations de ce parti, qu'on a traité avec trop de tyrannie pour pouvoir le ramener. Le royaliſme & le zèle religieux ne ſont pas prêts à s'éteindre en France. La perſécution ne fait que les changer en fanatiſme, & peut-être les fortifier.

En oppoſant des jacobins aux royaliſtes, des bandits aux prêtres, on rend la cause de la république odieuse, on justifie la cause opprimée, on la rend respectable, & on lui donne pour partisans tous les hommes qui aiment la justice & la paix, tous ceux qui pleurent sur les crimes, & qui sont las de la terreur, & c'est le tiers de la France.

Le seul moyen d'éteindre les factions, c'est de faire aimer la république, c'est de faire trouver dans la simplicité & l'impartialité des loix, dans la fermeté, la prudence & la douceur du gouvernement, dans la juste répartition des impositions, dans l'économie des dépenses, dans l'application éclairée des récompenses & des encouragemens, le bonheur des individus & la gloire de l'état.

Le sort de la France est décidé. Le peuple souverain a parlé, *tout Français doit, ou se soumettre, ou renoncer à sa patrie.* Jusqu'à cette époque chaque opinion étoit libre. J'ai donné franchement la mienne pour la monarchie constitutionnelle. J'ai mis dans mes argumens toute l'énergie que m'inspiroit la conviction intimé, le desir de voir ma patrie heureuse.

Le même sentiment qui a guidé ma plume, lorsque j'ai regardé la question comme encore indécise, me fait faire des vœux pour la République, puisqu'elle est établie. Quant à mon opinion, elle va se perdre comme un foible ruisseau dans l'Océan de l'opinion publique.

Ce n'est ni inconstance, ni desir de courtiser le parti triomphant. J'ai toujours dit, toujours écrit que toute nation est libre par un droit naturel imprescriptible. Ce droit emporte celui de créer ses loix, sa constitution, son gouvernement, de déléguer l'exercice de sa souveraineté ; car, quant à la souveraineté même, elle est inaliénable. Ainsi, chaque peuple a le droit, non-seulement de réformer, mais de changer sa constitution & son gouvernement.

Peut-être eût-il été à souhaiter, non-seulement pour l'humanité, mais même pour son propre bonheur, que le peuple français eût fait une réforme au-lieu d'une révolution. Ses crimes & ses malheurs sont une terrible leçon pour tous les peuples & tous les siècles.

Mais en dépouillant la révolution française de toutes les horreurs qui l'ont souillée, le peuple n'a fait qu'user de son droit ; & *tout Français, à moins de renoncer à sa patrie, doit diriger tous ses vœux & toutes les facultés de son ame vers le bien-être de la république française.* Fidèle à mes principes, je ſacrifie mon opinion à mon ſentiment pour ma patrie.

Si les royaliſtes ont intrigué dans les ſections, ſi ce ſont eux qui leur ont mis les armes à la main, s'ils ont tenté de combiner le mouvement de la capitale avec la deſcente du comte d'Artois, la guerre de la Vendée, les inſurrections dans pluſieurs départemens, ils ſont auſſi criminels que mal-adroits; car la cataſtrophe de Quiberon, les vaines tentatives ſur Noirmouſtier & ſur les côtes du Poitou, ont achevé d'exaſpérer contre eux une nation, à laquelle ſes ennemis préparent preſque toujours de nouveaux triomphes par l'imprudence des combinaiſons ſucceſſives de leurs attaques.

L'affaire de Quiberon a été ſi mal conduite, qu'il auroit ſemblé que le miniſtère anglais ſacrifioit cette poignée d'émigrés, si son intérêt n'eût été réellement contraire à cette atroce politique : mais persister à tenter une descente dans la saison des équinoxes sur une côte plate, dangereuse & sans abri, paroît la folie la plus absurde.

Les royalistes sont donc encore plus à plaindre qu'ils ne sont coupables. Sans force par eux-mêmes, maintenus dans leur pernicieuse opiniâtreté par des demi-secours, ils sont le jouet des erreurs ministérielles de la politique des cours, & ils finiront par être sacrifiés à la paix, dont toute l'Europe a un égal besoin.

Je crois que Tallien a exagéré leurs dernières fautes, comme il a imaginé l'atroce fiction des poignards empoisonnés pour rendre la convention & le peuple plus implacables contre l'intrépide Sombreuil & les malheureuses victimes de Quiberon. Les phrafes coupées & incohérentes qu'on a trouvées dans la correfpondance de le Maître ne préfentent aucun plan réel de confpiration, mais feulement des idées vagues jettées fans ordre. Tout Bâle nie qu'il puiffe avoir exifté un comité fecret dans cette ville fous les yeux d'une police vigilante & des miniftres plénipotentiaires de toute l'Europe.

Cependant, peu s'en eft fallu que ces accufations groffières n'ayent fuffi pour faire arrêter, profcrire & peut-être périr fur l'échaffaud les membres les plus habiles de la convention. Boiffi-d'Anglas qui avoit montré une fermeté fi noble le le 21 Mai, Lanjuinais, de Fermont, Henri-la-Rivière, le Sage d'Eure & Loire, Cambacérès, enfin tous ceux qui ont mérité la confiance de la nation entière, en travaillant jour & nuit à la constitution qu'elle vient d'adopter, ont été sur le point de sceller de leur sang l'établissement de cette constitution, tandis que Tallien & quatre satellites aussi fougueux que lui alloient renouveller le gouvernement révolutionnaire, & se seroient trouvés tout établis au moment de l'installation du nouveau corps législatif, pour former le directoire exécutif, & cimenter avec le sang de leurs adversaires l'établissement de la république, qu'ils auroient rendu odieuse.

Dans cette occasion le courage de Thibaudeau a sauvé la France de la nouvelle tyrannie, & c'est un des plus grands services qui ayent été rendus dans le cours de cette révolution, qui enfin doit cesser, puisque le peuple a décidé son sort, que les derniers efforts de l'anarchie viennent d'échouer & que la nation entière est éclairée sur les projets & les manœuvres de toutes les factions.

Il y a encore un reproche très-grave à faire à la convention sur l'animosité qu'elle a montrée jusqu'au dernier moment de son existence contre les ennemis de ses coryphées. Elle a accordé une amnistie générale sur toutes les accusations relatives à la révolution, c'est-à-dire, qu'elle a pardonné tous les excès & tous les crimes qui déshonorent la nation, & qu'elle a rendu à la société les monstres qui la troubleront encore. Mais elle a excepté de cet acte d'indulgence tous les accusés de la conjuration du 5 octobre.

C'est à la république délivrée de l'anarchie à faire le reste. C'est à la nation régénérée à casser le testament *ab irato*, qui flétrit les derniers inſtans de cette aſſemblée trop criminelle pour être indulgente, & qui la rend coupable du crime énorme de remettre tous les monſtres en activité, pour renouveller tous les maux de la France, & détruire peut-être dès ſa naiſſance cette conſtitution qu'elle regarde comme l'unique moyen de ſon ſalut.

Avant d'examiner cette conſtitution qui paroît devoir fixer le ſort de la France, il faut encore s'arrêter ſur le tableau que nous a préſenté la rapide & ſanglante époque de ſon établiſſement.

Comme la convention n'exiſte plus, il eſt permis à préſent, ſans offenſer la dignité nationale, de dévoiler tous les motifs de ſa conduite, pour mettre le peuple en garde ſur le retour des mêmes cataſtrophes. L'intérêt perſonnel, la crainte, la vengeante, la foiblesse, l'esprit de faction, l'enthousiasme factice, l'ignorance, l'orgueil l'ont ballotée d'erreurs en crimes.

Les gouvernans connoissoient, avouoient tous leurs délits. Ils avoient excité trop de haine & de mépris pour ne pas s'occuper exclusivement de leur sûreté au moment fatal de la dissolution de leur assemblée. Ils ont cru n'avoir d'asyle assuré que dans la continuation du pouvoir. C'est ce qui a dicté le décret de la réelection des deux tiers de leurs membres.

Cette disposition étoit bonne en elle-même; il suffisoit de l'indiquer à la nation, qui satisfaite de voir terminer la cruelle anarchie contre laquelle elle réclamoit depuis si long-temps, avoit intérêt à conserver une majorité prépondérante de ses anciens membres dans la nouvelle législature.

Si la convention nationale avoit eu la conscience de sa propre estime & de la considération publique, elle auroit certainement pris le parti noble & franc de proposer la réélection des deux tiers à titre de simple conseil. Mais elle étoit trop coupable & trop effrayée pour agir ainsi. Elle a porté une loi qui attentoit réellement à la souveraineté du peuple, & cette loi a fait répandre beaucoup de sang, parce que les sections de Paris, qui avoient raison dans le principe, ont eu tort dans les conséquences.

La convention devoit d'autant plus pardonner les torts du 5 octobre, qu'elle les avoit provoqués par ses propres torts. Elle a puni la France entière des fautes de Paris, en revomissant dans la ſociété, des monſtres qu'il faudra de nouveau ſoumettre au glaive de la loi. Il eſt vraiſemblable que Collot-d'Herbois (1) & Billaud de Varennes ſeront rappellés de Cayenne, en vertu de l'amniſtie, qui s'étend ſur tous les crimes de la révolution. Voilà Barrère en liberté, on a ſans doute favoriſé ſon évaſion. Les priſonniers de Ham ſont libres en vertu d'un décret. Pache, Bouchotte, &c. ſont acquittés, & Paris eſt rempli de Jacobins & de Terroriſtes, qui vont *travailler* de nouveau.

On a déjà adouci autant qu'on a pu toutes les idées que le peuple pouvoit s'être faites de cette horde de ſcélérats qu'on a remis dans la ſociété, la langue de la révolution eſt compoſée de mots nouveaux, dont la plupart, ſelon les

(1) Il est mort depuis cet écrit.

circonſtauces, expriment des idées contraires à leur vraie ſignification.

La ſecte horrible des Jacobins s'eſt reproduite avec avantage à l'occaſion des diſputes entre les journaliſtes, qui ſe ſont terminées par la ſciſſion entre la convention & les ſections de Paris. Cette ſciſſion a enfanté les maſſacres du 5 Octobre; pour les opérer, la convention a pris l'odieux moyen de réarmer les terroriſtes, ces mêmes hommes qui avoient maſſacré le repréſentant Ferraud le 21 Mai, qu'elle avoit elle-même déſarmés par un juſte décret le 23 du même mois.

Elle a fait de ces monſtres un bataillon *ſacré* ſous le nom de patriotes de 1789. Ces tertoriſtes, ces patriotes, ſont les jacobins ſous un nouveau *ſobriquet*, qui maſque ce qu'ils ſont, ſous une dénomination, qui ſignifie ce qu'ils ne ſont pas. car quels étoient les vrais patriotes de 1789 ?

C'étoient des hommes courageux qui abattoient la tyrannie miniſtérielle, en détruiſant la baſtille, en ſoutenant les opérations légales de l'aſſemblée de la nation, en repouſſant une armée preſque toute étrangère conduite par le pouvoir arbiraire pour anéantir l'aſſemblée conſtituante.

C'étoient des hommes qui attendoient avec confiance la conſtitution faite par leurs repréſentans, qui l'avoient acceptée avec tranſport, qui avoient applaudi à la conduite grande & généreuſe de cette aſſemblée envers un roi foible, que des conſeils perfides avoient entraîné au parjure & à la fuite.

C'étoient des Français braves, généteux, juſtes entre'ux & envers le roi que la conſtitution avoit rendu inviolable, conciliant l'amour de la liberté avec celui de la juſtice & de la droiture.

Tels étoient les patriotes de 1789. Peut-on s'aveugler aſſez pour donner ce nom aux ſatellites des Marat & des Robeſpierre? La convention n'aura-t-elle pas toujours à ſe reprocher d'avoir aſſocié, pour punir une inſurrection illégale, mais provoquée, cette horde de cannibales avec les braves ſoldats de la république? Je ne conçois pas comment ces ſoldats ont pu joindre leurs armes triomphantes à des armes auſſi criminelles, comment un général a pu ſe préſenter pour ſe mettre à leur tête.

Il eſt des démarches que le ſuccès même ne juſtifie pas. Car enfin, ſi dans les deux horribles journées de cette guerre civile, la résistance des Parisiens eût été mieux combinée & plus opiniâtre, la convention auroit eu la douleur de voir ses vengeurs égorgés par ses assassins, elle auroit tiré du fond des cachots des monstres pour massacrer un peuple honnête qui l'avoit toujours soutenue, même avec un zèle aveugle qui depuis deux ans sur-tout résistoit avec une constance opiniâtre à la famine & à toutes les calamités révolutionaires, pour ne pas se séparer de la cause de ses représentans. La convention dans cette catastrophe a été plus heureuse que sage.

C'est encore ici le cas de ranger tout ce qui s'est passé dans la classe des grands évènemens produits par les petites causes. Car, quel est le principe des passions furieuses qui ont entraîné si loin les deux partis ? Pas autre qu'une dispute de jalousie entre journalistes ou gens de lettres. Ceux en dehors de l'aſſemblée mordoient par leurs ſatyres les journaliſtes & écrivains repréſentans. Ceux qui avoient été autrefois martyrs de la liberté de la preſſe, étoient devenus perſécuteurs, quand leur orgueil d'écrivains avoit été compromis. La choſe publique n'étoit pour rien dans cette querelle.

D'après cet exemple & tant d'autres des inconvéniens qu'entraîne la licence des repréſentans qui dirigent & ſouvent égarent le peuple dans des journaux toujours au moins indiſcrets, il devroit être défendu à tout repréſentant, membre du directoire, miniſtre, ou principal adminiſtrateur, de compoſer des journaux ou feuilles périodiques. La gravité de leurs fonctions, s'ils veulent les remplir avec dignité, eſt incompatible avec le métier de folliculaires.

Si

Si Tallien & ſon parti avoient été sûrs d'être réélus par les ſections de Paris, on n'auroit fait que rire des énergiques pamphlets de Richer de Sériſy & autres, & il n'y auroit pas eu de maſſacre. Au reſte, dans tout ce qu'a écrit Richer-Sériſy avec ſa plume de feu, il eſt des vérités terribles qui peuvent par la ſuite opérer une grande réaction : la trace de ſon charbon ardent a profondément ſillonné l'opinion publique. Si malheureuſement un jour quelques-unes de ſes prédictions s'accompliſſent, l'indignation publique dont on cherche à le couvrir retombera ſur ſes perſécuteurs.

Si les paſſions les plus effrenées n'étoient pas le ſeul guide qui paroît conduire tous ceux qui gouvernent, ou agitent la France dans cette longue criſe révolutionnaire, on ne ſe feroit pas couvert réciproquement de ridicules & de calomnies, on n'auroit pas vu la malice & l'esclavage lutter contre l'orgueil & là vengeance ; on ne se seroit pas inondés de flots d'encre, convertis en ruisseaux de sang ; on auroit discuté avec sang-froid & bonne intention les principes, & le parti dont l'opinion eût prévalu, n'auroit pas eu à craindre qu'on accusât la constitution qu'il auroit produite, de violence & de tyrannie.

Ce reproche est toujours renaissant, & si par hasard le gouvernement ne répondoit pas aux brillantes promesses qu'il a faites, à l'espoir & au vœu des peuples ; si par hasard il ne procuroit ni la cessation de la pénurie & de l'agiotage, ni la sûreté des propriétés & des personnes, ni le rétablissement du crédit national, ni la terminaison d'une guerre, qui depuis deux mois paroît prendre une tournure très-défavorable, alors toutes les classes de citoyens & même l'armée exigeroient encore une autre révolution.

Alors l'armée reprocheroit même les bienfaits, même l'augmentation très-dispendieuse & difficile à soutenir, de deux sous en numéraire, même le supplément pareil de paie ajouté aux appointemens des officiers; elle reprocheroit ce décret des deux tiers, qui a coûté du sang; elle reprocheroit la part politique qu'on lui a donnée dans la constitution, en lui accordant une faculté délibérante, qui ne convient point à son organisation.

Il n'y a que l'excellence du gouvernement qui puisse faire oublier tous les maux qui se sont reproduits dans cette dernière crise. On ne peut pas se dissimuler que la première aſſemblée légiſlative ne ſe forme ſous les plus mauvais auſpices, que la faction des Jacobins n'ait été en quelque ſorte rétablie par la faction Thermidorienne. Cette dernière a fait des Jacobins ſa garde prétorienne; mais espère-t-elle pouvoir les contenir toujours dans de juſtes bornes, ou les précipiter de nouveau dans les enfers? elle a dit dans ſa colère.

Flectere ſi nequeo ſuperos, Acheronta movebo.

Voilà encore une fois les démons déchaînés ; leur règne affreux peut renaître, il faudra de nouveaux maſſacres pour arrêter leurs progrès.

Les diſgraces des armées vont encore leur donner un nouveau crédit. Déjà on dit qu'elles ſont dues aux royaliſtes, aux ariſtocrates, pendant qu'elles ne ſont que le fruit de l'imprudence & des plans téméraires ; on a déjà dit, on répétera que ſous Robeſpierre & avec le ſyſtème de terreur on étoit victorieux par-tout Ce n'eſt point ſous un point de vue raiſonnable que cette ſuite de diſgraces ſera envisagée : la faction dominante ajoutera à cette calamité, en en abuſant pour rétablir le règne de la terreur, à moins que le gouvernement ne ſoit ferme, ſage & imperturbable à la voix de toutes les factions, qui déchireront l'aſſemblée légiſlative.

Au reſte, le gouvernement doit bien ſe perſuader que la terreur ſeroit à préſent un mauvais lévier pour remuer la nation en maſſe. Lorſque Robeſpierre a employé ce moyen, qui ne peut nulle part réuſſir qu'une fois, les frontières étoient entamées par l'ennemi, mais toute la nation étoit dans sa force; il y avoit encore du numéraire, les assignats ne s'étoient pas, à beaucoup près, élevés à une masse énorme; le discrédit du papier n'étoit pas encore consommé; les biens des émigrés & leur mobilier existoient encore; toute la bande de pays entre la France & le Rhin présentoit à l'avidité du soldat, & sur-tout des commissaires, une proye attrayante, la conquête de la Hollande faisoit espérer de grandes richesses; il y avoit par-tout à gagner en s'avançant toujours devant soi. Les Français avoient le courage dévastateur des conquérans.

Le tableau est entièrement changé. Dans l'intérieur les dépenses ont plus que décuplé; le directoire, avec deux ou trois milliards par mois, pourra à peine faire face aux frais du gouvernement ; soit pour retarder la banqueroute, soit pour détourner la famine, soit pour soutenir une guerre trop longue, & qui devient malheureuse : il ne lui restera pas de quoi solder le crime.

L'homme fait manqué pour le recrutement, les chevaux pour les remontes & les charrois, les bestiaux pour la nourriture : les armes, les vivres, l'habillement sont rares, difficiles & dispendieux. Les armées, après avoir épuisé les pays conquis, que, malgré tous les décrets de réunion, aucun soldat français ne s'accoutume à regarder comme sa patrie, n'aspire qu'à les abandonner pour rentrer dans ses foyers. La volonté manque encore plus que le courage, & bien loin de réussir à présent par la guillotine à faire remarcher en avant des troupes dégoûtées, & sacrifiées si long-temps à un systême odieux d'envahissement, il seroit à craindre que ces mêmes armées, rentrées dans leur patrie, aigries par des revers multipliés, ne retorquassent contre les gouvernans & les législateurs l'argument de la guillotine.

Il faut donc que, peut-être contre leur inclination, mais pour leur propre sûreté, l'assemblée législative & le directoire s'opposent à la renaissance du terrorisme, qu'ils reconnoissent que les moyens exagérés sont épuisés & plus dangereux que la crise même à laquelle on voudroit les faire servir de remède.

Il est temps de restituer à l'art militaire l'estime qui lui est dûe. Tant que les coalisés ont agi sur des plans incohérents & sans ensemble, surtout tant que leurs généraux n'ont pas eu carte blanche, ils ont été battus par une néceſſité géométrique.

Lorſque les Français, au mois de Septembre, ont fait la folie de ſe mettre un grand fleuve à dos, pour entreprendre, dans une ſaiſon pluvieuſe, à l'approche de l'hiver, le ſiège d'une place très-forte, défendue par une armée dont la circonvallation, coupée par deux rivières, exige deux armées ſéparées, & même un troiſième corps, pour couper la communication de la pointe du Mein;

Lorſque ſéduits par la foibleſſe avec laquelle les Palatins ont rendu Duſſeldorff & Manheim, les commiſſaires, ou les généraux, ont conduit des braves ſoldats à la boucherie, & en ont fait maſſacrer l'élite dans des aſſauts téméraires contre Ehrenbreitſtein & Koſtheim; lorſqu'ils ont été ſe mettre entre deux feux ſur le Berg, le Strass, & ſe ſont fait battre ſur les deux rives du Neker;

Lorſque trop confians dans des retranchemens preſqu'inattaquables, ils ſe ſont laiſſé chaſſer de devant Mayence: lorſqu'ils ſe ſont toujours laiſſé tourner, & qu'ils n'ont tenu ni à Creutznach, ni à Kayſerlautern: lorſque, ſans moyens ſubſiſtance, dans l'eſpoir de faire une diverſion, ils ont fait repaſſer une ſeconde fois le Rhin à leur colonne de Duſſeldorf, & l'ont reportée ſur la Sieg par le plus inutile, le plus faux et le plus dangereux des mouvemens.

Lorſque les Impériaux, revenus de leur première ſurpriſe, ont repris confiance en leurs généraux, qui leur ont fait connoître la mauvaiſe poſition & la ruine probable des armées françaiſes;

lorſque tous les mouvemens de ces généraux ont été hardis, rapides & méthodiques ; alors tout ce qui eſt arrivé eſt dans l'ordre des événemens néceſſaires ; c'eſt un enchaînement de cauſes & d'effets que la nation ne peut reprocher qu'aux auteurs du plan du paſſage du Rhin.

La retraite des Français eſt certainement fâcheuſe, & leur coûte beaucoup d'hommes, de bagages & de munitions ; mais elle ne doit pas les abattre, & ne doit être regardée que comme une forte leçon qu'ils ſe ſont attirée : les ſuites n'en ſont pas même très-dangereuſes, à moins que l'eſprit de vertige n'ait un principe plus profond ; elles ne changent rien à la poſition intérieure, ni extérieure de la France. Cette retraite ne peut influer, ni ſur les négociations pour la paix, ni sur la continuation de la guerre.

Il y a le même danger pour les Impériaux à s'établir à la rive gauche du Rhin, où ils n'ont ni places ni magasins, qu'aux Français à avoir été se compromettre à la droite de ce fleuve. Ainsi cette suite de victoires n'est qu'une opération de défensive heureuse, parce qu'elle a été bien combinée, & elle ne peut pas se tourner en offensive pressante. Quand même les Impériaux auroient ce projet, ils seroient obligés de le suspendre jusqu'au printemps ; & les Français auroient le temps de préparer leurs immenses moyens de défense.

Mais cet enchaînement de disgraces, dont j'avois prévu la possibilité dans le premier numéro de mon *coup-d'œil politique*, doit faire connoître enfin aux deux conſeils & au gouvernement, que cette fameuſe barrière du Rhin n'eſt bonne que ſur la carte. Les Français ont prouvé aux Allemands, & ceux-ci aux Français, qu'on paſſe ce grand fleuve, où l'on veut & comme on veut. Il n'y a de vraies barrières que des places fortes, & la bonne volonté des peuples.

Tous les pays entre le Rhin & la Sarre, de la Moſelle à Landau, eſt ouvert & sans places fortes; il n'y a pas une ſeule place entre Coblentz & Trèves, pour défendre la Moſelle; Trèves n'eſt pas fort, & placé ſur la rive droite, il eſt contre la défenſive de cette rivière. Coblentz, ſitué de même, eſt en outre ſoumis à Ehrenbreiſtein.

La priſe de ce château, que les Français ont trop négligée, étoit ou l'aſſurance ou la ruine du projet de ſiége de Mayence. Jourdan ne devoit pas passer la Sieg & s'avancer sur le Mein, avant d'avoir pris Ehrenbreistein, pour s'assurer tout le cours du Rhin, depuis Dusseldorf jusqu'à Mayence; ou plutôt il y avoit tout un autre plan à suivre en passant le Rhin.

Trèves & Coblentz seront toujours facilement pris par une armée Allemande, lors de son invasion, & alors elles serviront de places d'armes pour porter la guerre à la rive gauche de la Moselle, & prendre à revers Bonn, Cologne, Aix-la-Chappelle & Liége, sans s'inquiéter de Luxembourg, qui est trop en arrière, & trop loin, pour gêner les attaquans.

S'il y avoit un camp retranché à la Chartreuse de Liége, si Hui étoit bien fortifié, ainsi que Limbourg & Namur,

...i pourroit arrêter l'ennemi ſur la Meuſe, & l'empêcher de pénétrer dans la Belgique, en tirant ſa ligne de défenſe depuis Luxembourg juſqu'à Vanloo. Mais il faudroit toujours ſacrifier tous le pays entre la Meuſe & le Rhin, le cours de la Moſelle juſqu'à Thionville, & toute la bande entre la Sarre, la Moſelle, le Rhin & Landau, pour en faire le théâtre de la guerre. Carnot, qui peut paſſer pour un ſavant militaire, a exprimé à-peu-près la même opinion dans ſon diſcours ſur la conſervation des conquêtes.

Quant à la bonne volonté des peuples, elle ne peut certainement pas exiſter de la part des Allemands de la rive gauche du Rhin. On les a traités avec trop d'inſolence, on les a dépouillés avec trop d'avarice, pour qu'ils s'identifient jamais avec la nation dans laquelle on les a incorporés malgré eux ; ou qu'ils s'attachent à une constitution républicaine qui leur enlève leur religion, leurs mœurs, & qui ne leur produit que la guerre, le massacre, la famine, la pauvreté & tous les vices. On ne peut pas douter qu'ils ne fassent les vœux les plus ardens pour leurs compatriotes, qu'ils regardent comme des libérateurs, & s'ils ne se joignent pas à eux, c'est parce qu'ils sont désarmés, & avilis par leurs calamités.

Quant aux Belges, malgré les fausses assertions de Merlin de Douay, & les ridicules certificats des commandans militaires Français, & des commissaires du pouvoir exécutif, qu'il oppose à ma lettre à la Convention, du 22 mars 1793, & comme des preuves de leur unanimité pour l'incorporation de leur pays, on verra à l'approche des Impériaux, quels ſont les vrais ſentimens de ce peuple opprimé. Il a déjà ſa Vendée, & ſi elle ne groſſit pas au point de faire une diverſion efficace en faveur des Autrichiens, au moins verra-t-on la nation Belge reſter neûtre entre les combattans, & attendre avec la même apathie que par le paſſé, la déciſion de ſon ſort.

Tel eſt l'eſprit public de toute la frontière orientale de la France. Le Directoire connoît également les vraies diſpoſitions de la Savoie, du comté de Nice & de la Corſe. Ce que les factieux de l'Aſſemblée légiſlative appellent *la faction des anciennes limites*, eſt parfaitement juſtifié par cet état des choſes.

Il eſt certain que le gouvernement

français ne peut pas se flatter de conserver ses conquêtes, parce que la trop grande extension de territoire qu'il a acquis exige, pour sa conservation, de trop fortes armées, & parce que les peuples de ces contrées n'aideront pas même à leur propre défense.

Il est certain que la France n'aura la paix qu'en renonçant à ses conquêtes, & en l'annonçant avec authenticité. Il est certain qu'elle a le plus grand besoin de la paix, sans quoi, non-seulement sa constitution n'est pas assurée, mais elle a tout à craindre pour sa liberté même. Voilà les grands objets qui doivent occuper en ce moment les représentans de la nation, & qui doivent être discutés avec maturité, pour préparer la nation à la sagesse & à la justice.

Je ne dis pas que le temps des disgraces soit celui qu'on doive choisir pour annoncer la décision de cette importante question. A Dieu ne plaise qu'après cinq ans de triomphes, les Français aient l'air de céder à la force ; ils ont encore d'énormes ressources, dont le passage du Rhin par les Impériaux exige le prompt développement. Mais lorsqu'ils auront rétabli leur supériorité, ou au moins l'égalité dans les opérations militaires, lorsqu'il n'y aura plus de honte pour eux à négocier, alors il est à souhaiter qu'abjurant l'injuste & dangereux système de conquêtes, ils terminent cette guerre, & qu'ils ajoutent aux sanglans & funestes triomphes qu'elle leur a procurés, la gloire plus utile d'être justes & généreux. C'est-là ce qu'ils doivent aux principes de la conſtitution qu'ils ont adoptée; elle proſcrit les conquêtes & les guerres offenſives.

De la Constitution de 1795.

La Conſtitution eſt le principe du Contrat Social ; le gouvernement en eſt l'action ; ſes mouvemens ne doivent pas être gênés tant qu'ils ſont dans la conſtitution, ils ne doivent rencontrer aucune repreſſion de la part d'aucune des parties du corps ſocial, le combat qui en réſulteroit produiroit l'anarchie.

Le peuple français a décidé ſon ſort en acceptant la conſtitution républicaine ; il doit regarder le corps légiſlatif comme l'organe de la loi, & ne ſouffrir de ſa part aucun empiétement ſur les fonctions du Directoire exécutif. Il eſt poſſible de rendre un peuple heureux avec un gouvernement ſans conſtitution, mais il ne peut réſulter que le malheur public d'une conſtitution ſans gouvernement.

La conſtitution, examinée impartialement, eſt meilleure dans ſes détails que celle de 1791; car, quant aux principes ils ſont les mêmes, quoique l'une fût monarchique, & que l'autre ſoit républicaine. Il eſt même vrai que la dernière conſtitution pourroit mieux s'amalgamer avec une monarchie conſtitutionnelle que la première : il ne s'agiroit que de relier, en un tome, les cinq volumes du Directoire, en prolongeant à vie la préſidence, ou la rendant héréditaire.

On ne peut qu'applaudir au courage & au patriotiſme, ainſi qu'aux talens du petit nombre de députés qui ſont venus à bout de la faire adopter, après n gouvernement révolutionnaire, après . tyrannie de Robeſpierre, au milieu 'une anarchie furieuſe, ſoutenue & ropagée par la majorité d'une aſſemlée pleine de paſſions aveugles. Il y a eu ne grande audace à ſupprimer en entier a dégoûtante conſtitution de 1793, près que la convention avoit juré ſous e poignard, de la maintenir.

On eſt étonné qu'au moment où l'anarchie triomphoit, 11 repréſentans ayent eu la force ou la magie, 1°. d'anéantir les ſociétés populaires; 2°. de claſſer avec ſageſſe les differens corps de la nation, dont le premier terme eſt la repréſentation légiſlative; le ſecond, le Directoire exécutif; le troiſième, le miniſtère; le quatrième, la judicature; le cinquième, les adminiſtrations de départemens & de cantons.

Tant que ces dernières fonctions ne seront pas soldées, elles ne pourront être attribuées qu'à des propriétaires aisés, & par conséquent de la classe la plus intéressée au maintien de la constitution.

La division du corps législatif en deux chambres, est bien combinée pour balancer la pétulance populaire d'un Sénat démocratique. Son renouvellement partiel est sage, parce qu'il conserve l'esprit de la constitution, & qu'il arrête la rage d'innovation qui l'altéroit très-vîte.

L'action immédiate du Directoire exécutif sur tous les corps administratifs, lie toutes les parties de la république, elle abbat le pouvoir municipal, qui tendoit à isoler chaque portion du tout. Si on avoit conservé au pouvoir municipal toute son influence, la France auroit fini par ne préſenter qu'un amas de fédéraliſtes comme la ligue des Achéens.

Cette conſtitution préſente dans la création de ſon directoire, un autre avantage ſur celle de 1791. Dans celle-là, le pouvoir exécutif n'étoit ni dedans, ni à côté, mais dehors & en oppoſition de la conſtitution. Dans cette dernière, il eſt dans la loi, & ne peut pas en ſortir ſans qu'elle ſoit diſſoute; ſoit que le dérangement arrive par l'uſurpation du pouvoir légiſlatif, ou par la tyrannie du directoire. La loi eſt le modérateur exact, qui tient en balance les deux pouvoirs. Toute la force du peuple eſt dans la conſtitution, ſoit contre l'ambition des gouvernans, ſoit contre les attentats de ſes propres légiſlateurs.

Il ſemble qu'on auroit dû ajouter aux droits du directoire exécutif, la faculté de propoſer des loix, car les gouvernans ſont plus à portée d'apprécier les beſoins que la multitude. Cette faculté eût été ſans inconvénient, puiſque le peuple a toujours dans ſes repréſentans des examinateurs ſévères & vigilants, chargés de diſcuter la néceſſité & les motifs de ces propoſitions.

Enfin cette conſtitution a passé les eſpérances, que devoit diminuer la conſtitution qui a enveloppé ſa naiſſance; les citoyens qui l'ont faite, méritent la reconnoiſſance de la nation qu'ils ont tirée de l'anarchie.

On eſt fâché de voir cet eſtimable ouvrage déshonoré par deux articles additionels qui le terminent, dont le premier, qui bannit à *perpétuité* les émigrés, eſt inhumain; le ſecond qui maintient en poſſeſſion l'acquéreur de leurs biens, *qu'elle qu'en soit l'origine*, est injuste : car s'il est prouvé qu'on a vendu injustement, c'est l'acquéreur que le trésor national doit indemniser, & non pas le propriétaire, qui dès que l'injustice est reconnue, doit rentrer dans sa propriété.

Voilà ce que prescrit la justice universelle. J'ai lu avec indignation dans un journal allemand la défense de l'opinion contraire. Si un voleur enlevoit à ce sophiste sa bourse, trouveroit-il équitable la décision d'un juge, qui prononceroit que le voleur doit conserver la bourse, & que le volé sera indemnisé sur le fisc ?

La convention n'a pas eu le droit de placer dans la constitution ces deux articles qui sont des arrêts, car une condamnation n'eſt pas une loi. La nation ne peut pas être liée par ces deux articles, qui ſont deux décrets de paſſion, & de circonſtance, inſérés mal-à-propos dans le code conſtitutionel, dont ils ne font pas partie.

La convention n'a pas eu le droit de lier toutes les légiſlatures ſuivantes à perpétuer ſes vengeances & ſon injuſtice. Ce ſeroit fonder la liberté françaiſe ſur le ſang & la rapine. Quand les reſſentimens ſeront éteints, quand les paſſions ſeront épuiſées, le français reviendra à ſon caractère, il sentira l'horreur de ces deux loix, & il les effacera de ſon code conſtitutionel.

Un autre article qui méritera l'attention de la nation, c'eſt le danger de la trop grande amovibilité des emplois.

Sans contredit, l'hérédité & la vénalité ſont deux vices abſurdes dans tout gouvernement; elles étouffent l'eſprit public & le patriotiſme, & je n'ai jamais lu en leur faveur que des ſophiſmes, écrits avec toute la mauvaiſe foi de l'eſclavage.

L'inamovibilité des emplois ne peut pas exiſter dans une république fondée ſur l'égalité, parce que tout citoyen eſt ſuſceptible de récompenſes & de châtimens. Mais ce ne doit être qu'à l'un de ces titres qu'un citoyen doit être, ou revêtu, ou dépouillé de l'emploi auquel il ſe conſacre.

Dans un état ſocial auſſi compliqué que ceux de notre ſiècle, toutes les fonctions publiques demandent des études approfondies & une longue expérience.

Les emplois ſont devenus des arts. Tout citoyen que ſon application a porté à une place d'adminiſtration civile, ou militaire, ou de judicature, doit, s'il eſt poſſible, y reſter toute ſa vie.

1°. Pour que cette place ſoit bien remplie. 2°. Pour qu'il puiſſe par ſon exemple former des ſujets, qui, ayant la même eſpérance, ſoient animés du même zèle, & acquèrent les mêmes talens. 3°. Pour que la conſidération de ſa place rejailliſſe ſur ſa perſonne, & ſoit en même tems fortifiée par ſon mérite. 4°. Enfin, parce qu'une république ne peut proſpérer que lorſque les talens ſeront regardés comme la plus précieuſe des propriétés.

La mobilité indéfinie des emplois les dépouille du reſpect qui doit les accompagner, & diminue la conſidération des citoyens qui en sont revêtus. Elle excite l'ambition, mais elle n'encourage pas le désir de bien faire. Elle occasionne des brigues, des jalousies, des haines. Peu de personnes voudront étudier toute leur vie, pour parvenir à bien exercer un emploi, qu'elles ne peuvent garder que deux ans. Ainsi cette mobilité ne peut procurer, ni de bons administrateurs, ni de bons juges, mais des intriguans & des fripons, qui chercheront à profiter du court période de leur existence publique pour s'enrichir, puisque les places ne leur laisseront pas d'autre objet d'ambition.

Le peuple exerce un de ses droits les plus sacrés, dans le choix de ses administrateurs & de ses juges ; mais pour son propre bien, il ne doit les renouveller que dans le cas de mort ou de forfaiture. Autant il eſt intéreſſant pour lui d'avoir dans les places d'adminiſtration & de judicature, dans les flottes & dans les armées, des hommes d'un grand talent, par conſéquent de ne deſtituer de ces emplois que pour forfaiture, & de les continuer aux mêmes ſujets, juſqu'à l'âge d'une vétérance caduque; autant il doit être exact à changer fréquemment les places de repréſentans à la légiſlature, du directoire exécutif & du miniſtère, pour éviter que ceux qui en ſont revêtus, n'aſpirent à s'approprier la ſouveraineté, dont des portions leur ſont confiées.

Il ſeroit donc utile de diviſer tous les emplois publics en deux claſſes, les uns à vie, les autres à terme de trois & cinq ans. Cette diviſion ſe préſente d'elle-même. La dernière claſſe ne comprendroit que la légiſlature, le directoire, le miniſtère & les délégués du pouvoir exécutif dans les départements.

J'ai dit que la diviſion de la repréſentation nationale en deux conſeils était avantageuſe; mais le corps légiſlatif eſt peut-être trop nombreux, & a trop peu d'occupations pour être dangereux. On pourroit ſur ſon organiſation & ſur ſes fonctions, économiſer & ſimplifier, ſans nuire à l'intégrité de la ſouveraineté du peuple: ce ſeroit peut-être le plus ſûr moyen de la maintenir, en évitant les chocs entre les deux chambres, ou entre les deux pouvoirs.

Trop de loix, point de loix. On n'a déjà que trop fait de loix, on ne peut pas faire des loix toute l'année, & ſi on veut que des loix ſoient mal faites, il n'y a qu'à les faire faire par cinq cents personnes.

Les fonctions des deux conseils sont très-distinctes. L'attribution du conseil des anciens est de veiller sur l'intégrité de la constitution, & de ratifier par sa sanction les nouvelles loix qui seront proposées par le conseil des cinq cents. Ce *Veto* est sage, parce qu'il ne sert point l'ambition particulière, parce qu'il reste entre les mains du souverain, qui est le peuple; au lieu que dans la constitution de 1791, il étoit attribué précisément au pouvoir, qui en abusant de cette faculté, pouvoit devenir oppresseur.

Le conseil des cinq-cents est chargé de proposer les loix qu'il juge nécessaires pour le soutien de la constitution. Ces fonctions importantes sont bien positivement des travaux de cabinet, parce qu'elles demandent de l'application & du recueillement; ainsi la multitude ne peut que nuire à la perfection des productions qui en sortiront.

Il paroît donc, 1°. que chaque conseil est trop nombreux pour son genre de travail; 2°. qu'il est au moins inutile qu'il se rassemble tous les jours, parce qu'il n'a pas matière suffisante à occuper toutes ses séances.

En fait de gouvernement comme en méchanique, plus il y a de ressorts, moins le mouvement est assuré; tous ceux qui ne sont pas indispensablement nécessaires sont nuisibles.

Quoiqu'on parle continuellement de vertus en France, il s'en faut de beaucoup qu'on puisse espérer que les sept à huit cents représentans du peuple feront des ſages, des vrais patriotes, des ſénateurs déſintéreſſés & impartiaux. Cette perfection n'eſt point dans la nature humaine ; & ſi elle pouvait exiſter, ce ſerait en France moins qu'ailleurs qu'il faudrait la chercher ; puiſqu'encore on y ſacrifie continuellement à l'orgueil, à l'avarice, au meurtre, à la vengeance, à l'égoïſme, puiſque même on a fondé l'hypothèque de la fortune, ou plutôt de la miſère publique, ſur une injuſtice très-immorale, puiſque le berceau de la république eſt tiſſu des crimes de ſes fondateurs, puiſque la nouvelle conſtitution n'a changé ni les principes, ni les hommes.

La compoſition actuelle de la repréſentation nationale entraîne beaucoup d'inconvéniens & même de dangers.

L'oiſiveté à laquelle elle ſera réduite pendant la plus grande partie de l'année, la rendra pareſſeuſe, minutieuſe, intrigante; dans ce cas elle tombera dans le mépris, & elle ne ſervira plus de contre-poids au directoire exécutif, qui l'éclipſera entièrement. Alors les repréſentans, n'ayant rien à faire pour la choſe publique, ne s'occuperont que d'eux-mêmes, ou de leurs parens & amis; ils deviendront les cliens des directeurs & des miniſtres, & ils s'accoutumeront à la vénalité & à l'eſclavage.

Si le conſeil des cinq cents, (car celui des anciens eſt purement paſſif) craint cette oiſiveté & les vices & le mépris qui en réſulteroient, il deviendra inquiet & factieux, il ſera la pépinière d'un tribunat populaire, toujours prêt à accuſer & opprimer le directoire & les miniſtres, & en toute occaſion il ſe mêlera, contre l'eſprit de la conſtitution, de toutes les affaires publiques, ſoit pour influencer le gouvernement, ſoit pour le contrequarrer, le changer, l'abattre, pour ſe donner de l'importance. L'odieux métier de délateur deviendra un titre de patriotiſme dans cette aſſemblée turbulente; on y verra régner encore les factions; elle redeviendra immorale & anarchique, comme la convention nationale l'a toujours été de ſon propre aveu, & la conſtitution ne pourra pas réſiſter longtems à tous les tiraillemens de l'ambition particulière & de la frénéſie publique.

Il eſt néceſſaire de conſerver la repréſentation nationale telle qu'elle eſt établie par la conſtitution. Il eſt néceſſaire de l'entourer d'une grande dignité. Il eſt néceſſaire de l'empêcher de s'égarer dans ſes fonctions, par l'extenſion qu'elle croiroit devoir leur donner, pour éviter l'oiſiveté. Il eſt néceſſaire que le peuple ne puiſſe jamais trouver qu'elle ſoit un moment inactive, par conſéquent inutile.

Bien loin de craindre d'altérer la conſtitution, je croirois rendre à ma patrie le ſervice de l'aſſeoir ſur une baſe plus ſolide, en propoſant :

1°. De diminuer conſidérablement le nombre des repréſentans, ſans rien changer à la forme & aux attributions de ſes deux conſeils. Trois députés par département ſuffiroient pour repréſenter la nation, dont l'un entreroit dans le conſeil des anciens, deux dans celui des cinq cents.

Il faudroit fixer l'âge des repréſentans à 40 ans, afin que les membres euſſent déjà paſſé par d'autres emplois, que leur caractère moral fût formé & connu, que leurs concitoyens puſſent les juger ſur leurs ſervices & non pas ſur leur *parlage*; enfin pour qu'on ne prît pas les bluettes de la jeuneſſe pour du génie. Il n'y a que trop d'eſprit en France, c'eſt le bon ſens qu'il y faut mettre en requiſition permanente. Ainſi le conſeil des anciens ſeroit composé d'environ cent membres, celui des cinq cents (auquel on donneroit une autre dénomination) ſeroit du double. Leurs fonctions ſeraient triennales, comme le preſcrit la conſtitution; tous les ans, l'un des trois ortiroit par le ſort, & un nouveau nembre prendroit ſa place.

Une pareille aſſemblée auroit bien lus de dignité que celle actuelle ; elle eroit auſſi mieux choiſie, elle coûteroit es deux tiers de moins à la nation, & n outre ce ſeroient moins d'individus z de familles nouvelles à enrichir aux épens du peuple ; car il n'eſt que trop rai que la plupart des députés des trois égiſlatures qui ont précédé l'établiſſement conſtitutionnel de la république, e ſont conſidérablement enrichis, & ue toujours ils chercheront à s'enrichir ans ces places triennales. C'eſt un nconvénient auquel il eſt impoſſible de emédier. La déclaration à laquelle on vainement tenté pluſieurs fois de les oumettre, pourroit facilement être éludée, & ſeroit une humiliation inutile, qui ne feroit qu'afficher un manque de confiance de la part du peuple dans la moralité de ſes repréſentans.

2°. De ne raſſembler la légiſlature que trois mois par an, pour recevoir les comptes de recette & dépenſe, déterminer les contributions & la répartition des fonds de l'année ſuivante, connoître les relations extérieures, l'état intérieur, fixer la dette publique & les amortiſſemens, faire, ſur la préſentation du directoire & des miniſtres, les loix, ou les modifications des loix néceſſaires, juger la conduite des grands adminiſteurs ſur les dénonciations authentiques, en cas qu'ils euſſent manqué à la conſtitution ; prendre toutes les meſures néceſſaires pour la fortifier, enfin propoſer les points vicieux au tribunal de reviſion.

Il faudroit ſtatuer ſur-tout que la égiſlature ne pût, dans aucun cas, être aſſemblée moins de trois mois, & plus le ſix, pour que jamais elle ne pût s'emparer des pouvoirs réunis, ou rétablir un pouvoir révolutionnaire, qui eſt la tyrannie fondée ſur l'anarchie, ou ſe déclarer jamais en permanence.

3°. Pour empêcher que pendant les neuf mois de vacance de l'aſſemblée égiſtative, le directoire exécutif, ou un particulier quelconque ne pût attenter à la ſouveraineté nationale, il ſeroit nommé chaque année neuf membres, dont trois de la chambre des anciens, qui auroient la même réſidence que le directoire, & qui s'aſſembleroient tous les jours ſous le nom de *comité de ſurveillance.*

Leurs fonctions conſiſteroient à recevoir toutes les dénonciations qui feroient faites, de toute démarche qui violeroit ou même écarteroit la constitution dans les actes ou la conduite du gouvernement. Ce comité donneroit sur-le-champ par écrit, communication de la dénonciation au directoire, mais sans compromettre le dénonciateur; il recevroit aussi par écrit la réponse du directoire : si, après l'explication, la dénonciation se trouvoit calomnieuse, le dénonciateur seroit remis à un tribunal; si elle se trouvoit vraie, ou le directoire & le ministre redresseroient l'abus & puniroient le coupable, auquel cas ils ne mériteroient aucun blâme, ou ils soutiendroient les accusés; alors le comité renouvelleroit son avertissement jusqu'à trois fois, toujours par écrit. Après quoi, si le délit étoit grave, &

pouvoit entraîner, ou le renversement de la constitution, ou l'usurpation de la souveraineté ; en un mot, si la république se trouvoit en danger, le comité auroit le droit & seroit obligé de convoquer extraordinairement l'assemblée législative, par la formule simple de la déclaration suivante : *la république est en danger*.

Le comité de surveillance n'aurait d'ailleurs aucun droit de s'immiscer dans le gouvernement ; il n'auroit aucune force, ni active, ni prohibitive, ni coërcitive, & il n'auroit aucun ordre à donner.

Si le délit n'emportoit pas un danger imminent pour la république, le comité attendroit l'époque de sa rentrée ; alors il rendroit compte du délit, des avis qu'il a donnés & des réponses qu'il a reçues, pour que les chambres puſſent ſtatuer ſuivant les formes preſcrites par la conſtitution.

Pour éviter que ces neuf repréſentans puſſent être gagnés & entrer dans un complot contre la conſtitution & contre la ſouveraineté nationale, il faudroit que la négligence de leurs devoirs fût punie comme un crime capital. Cette négligence ſeroit facilement reconnue par l'aſſemblée, ſoit parce qu'elle s'apercevroit elle-même de la léſion faite à la conſtitution, ſoit parce que le citoyen qui auroit eu le courage de porter la dénonciation au comité de ſurveillance rendroit compte de ſon inaction, ou par le renouvellement de ſa dénonciation, ou par la clameur publique.

Ce comité de ſurveillance n'auroit le droit d'inquiéter le directoire par ſes avis, que dans le cas d'une dénonciation. Il n'auroit le droit, dans aucun cas, de faire des recherches ſur l'adminiſtration par lui-même, ni de porter un regard inveſtigateur dans les bureaux du directoire & du miniſtère.

Il ne lui ſeroit jamais permis, collectivement ou individuellement, de ſe porter pour dénonciateur. Ses fonctions ſeroient purement paſſives.

Ce comité n'exerçant aucune autorité, ne pourroit jamais gêner, ou arrêter la marche du gouvernement; il auroit tous les avantages du tribunat populaire, ſans en avoir les inconvéniens.

Cependant les deux conſeils de la légiſlature n'étant tenus qu'à une ſeſſion de trois mois par an, ſeroient ſuffiſamment occupés de la partie de l'économie politique que leur attribue la conſtitution. Aucun membre ne pourroit se dispenser, sous aucun prétexte, de se rendre au sein de l'assemblée; les places vacantes de chaque département seroient remplacées sur-le-champ. Il n'y auroit ni influence ni confusion entr'eux & le gouvernement. Cette assemblée ne seroit plus ni bavarde, ni factieuse, ni ridicule. Elle seroit toujours utile, & par conséquent toujours environnée de respect & de dignité.

De ces trois propositions, comme la première qui consiste à faire une diminution des deux tiers dans le corps législatif, entraîne une innovation dans sa forme constitutionnelle, elle ne pourroit pas être effectuée tout de suite, mais elle pourroit être présentée d'abord à la révision comme avantageuse.

Quant à la seconde & à la troisième,

comme

omme elles ne ſont qu'un changement lans la modification de l'aſſemblée légiſ-ative, & qu'elles ne touchent en rien à a conſtitution, cette première légiſla-ure pourroit les adopter ſur-le-champ, our éviter les dangers du mauvais em-loi de ſon tems, qu'elle reconnoît dès e commencement de ſa première ſeſſion, uxquels il faut oppoſer un prompt ex-pédient, avant que le mal ne devienne peut-être irremédiable.

Il ne s'agit pas de conſidérer ſi l'auteur le ces trois propoſitions eſt proſcrit ou non, mais de peſer attentivement quel eſt leur degré d'utilité. Un proſcrit, ré-léchiſſant dans la ſolitude, peut avoir les idées ſages & utiles. Ce proſcrit dé-teſte les factions, mais il aime ſa patrie, que, quoi qu'en diſent tous ſes ennemis, il a ſauvée, & qu'il ſauveroit encore, s'il étoit rappellé dans une crise dangereuse. Il desire le bonheur de ses concitoyens sous quelque constitution qu'ils adoptent; & si la république peut un jour faire la félicité du peuple français, il criera comme les grenadiers qu'on fusilloit, cette année à Aix-la Chapelle : *vive la république !*

Du Gouvernement.

Le but unique de toute conſtitution quelle qu'elle ſoit, eſt de donner à la nation un bon gouvernement. Si le gouvernement marche bien, la conſtitution eſt bonne; ſi la jalouſie de l'exercice de la ſouveraineté peut établir une lutte entre les deux pouvoirs, la conſtitution ne vaut rien.

L'eſſai de la liberté depuis ſix ans, a conduit à l'anarchie : la chûte de la conſtitution conduiroit au deſpotiſme. Tout doit donc tendre à favoriſer l'établiſſement du gouvernement, & à aſſurer la liberté de ſes mouvemens.

Le directoire exécutif doit être impassible, & ne s'occuper absolument que des affaires. Il doit rejetter toute influence de tout membre de l'assemblée législative, toute recommandation, toute clientelle. S'il se laisse entamer, il est avili & perdu.

Il est à craindre qu'en montrant cette inflexible énergie, en sacrifiant au bien public son intérêt personnel, il ne s'expose à des ressentimens, à la vengeance, aux accusations de toute espèce. Le peuple, accoutumé à regarder les membres du gouvernement comme ses serviteurs, ou plutôt comme ses esclaves, sera toujours prêt à adopter toute accusation contre eux, parce que les délateurs lui inspireront toujours la jalousie de sa souveraineté, & que c'est sur ce motif qu'ils dirigeront toujours les griefs contre les membres du gouvernement qu'ils voudront perdre.

Un autre danger pour les cinq membres du Directoire exécutif, c'est la jalousie & l'opposition qu'ils peuvent souvent rencontrer dans les six membres du ministère. La subordination des ministres devroit être absolue, pour qu'il n'y eût jamais de frottement entre le commandement & l'exécution.

Mais comme ces six ministres, quoique choisis par les cinq membres du Directoire, sont assujétis à une responsabilité particulière & personnelle, comme leur destitution n'est pas dans la main du Directoire, ils sont réellement indépendans. Ce sont deux corps séparés dans le gouvernement, & tous corps séparés tendent à lutter entr'eux.

Il est à craindre que lorsque les miniſtres s'appercevront que le Directoire en entier, ou quelques-uns de ſes membres déplairont à une des factions de l'Aſſemblée légiſlative, ou à l'une de ſes chambres, ou au corps légiſlatif entier, ils ne ſe ſéparent du, ou des membres en défaveur;.ce qui ſeroit une ſource continuelle de délations, d'oppoſition, d'actes de déſobéiſſance, ſous le prétexte du bien public.

Il ſeroit pareillement à craindre que les miniſtres ne ſe rendiſſent indépendans chacun dans leur département, ce qui rendroit le Directoire oiſif, nul & inutile, par conſéquent mépriſable comme un roi fainéant; alors, n'ayant ni activité, ni dignité, il tomberoit de lui-même.

Lorſque je préſente ces objections contre la marche du gouvernement établi en conſéquence de la conſtitution que le peuple Français vient d'accepter, ce n'eſt qu'afin que l'Aſſemblée légiſlative, dont le devoir eſt de régler tout ce qui peut tendre à la perfection de la conſtitution, pourvu qu'elle n'y change rien, obvie, dès le principe de ſon établiſſement, aux deux dangers qui peuvent entraver la marche du gouvernement, dont la France a un beſoin extrême.

1°. En ôtant aux membres des deux conſeils légiſlatifs, la faculté d'influencer le Directoire & le miniſtère, ſoit dans la nomination des emplois, ſoit dans la conduite des affaires, en faiſant à cet égard une loi très-ſévère pour mettre les membres du Directoire & tout ce qui dépend d'eux à l'abri de la vengeance & des accuſations des repréſentans, qu'ils auroient pu irriter par un juſte refus.

Cette loi eſt d'autant plus urgente que

le corps législatif doit s'attendre à être toujours divisé, au moins en deux factions; que cette opposition, dérivant de la nature humaine, est peut-être nécessaire pour le soutien du zèle patriotique, & de la constitution; que dans cette lutte le gouvernement doit toujours rester neûtre & libre, sans quoi celle des factions qui entraîneroit, ou soumettroit le Directoire, seroit maîtresse de tout, & détruiroit la liberté.

2°. En soumettant par une loi précise les six membres du ministère aux cinq membres du Directoire, de manière que sous aucun prétexte ils ne puissent jamais établir une scission dans le gouvernement : la maxime machiavélique *divide & impera*, peut en quelque façon être adoptée entre deux pouvoirs hétérogènes, comme le législatif & l'exécutif, mais elle deviendroit la subversion de tout ordre, & même du contrat social, si elle étoit introduite entre les parties du même pouvoir. Le Directoire est la tête, le ministère est le bras; dès que le premier cesseroit de régler les mouvemens du second, il n'y auroit plus de gouvernement.

3°. Il est nécessaire aussi que pour donner au gouvernement de la force & de la dignité, toute accusation, ou délation intentée contre un de ses membres, soit du Directoire, soit du ministère, puisqu'ils sont soumis à une égale responsabilité, ne puisse être accueillie par le conseil des cinq cents sans être signée par le dénonciateur, & qu'en cas de calomnie, d'intrigue, ou de légèreté dans l'accusation, on ne se contente pas de renvoyer le membre accusé à ses fonctions, mais que la loi prescrive différens degrés de punition pour les différens degrés d'injures faites à l'accusé. Quelque sévère que puisse être cette loi, le danger des dénonciateurs sera toujours moindre que celui des dénoncés.

4°. Par la même raison, le corps législatif ne doit jamais permettre qu'aucun de ses membres se porte comme accusateur des membres du directoire, du ministère, ou de l'administration, puisque le conseil des cinq-cents doit prononcer s'il y a lieu, ou non, à l'examen de la conduite de l'accusé, & que celui des Anciens doit le condamner, ou l'absoudre. Dans le cours de cette terrible révolution, les représentans du peuple ont été trop souvent accusateurs & juges à la fois.

Si l'assemblée législative débute par porter ces quatre loix d'urgence, elle s'honorera aux yeux de la nation, qui jugera avec raison qu'elle ne veut pas permettre qu'aucun de ses membres puisse, en avilissant le pouvoir exécutif, ou s'enrichir soi & les siens, ou se donner des clients, ou accaparer les fonctions publiques, ou influencer le cours des affaires, s'emparer du pouvoir suprême, en gagnant, effrayant, ou perdant les membres du Directoire, ou du ministère.

Alors le gouvernement aura toute la facilité possible pour agir, & s'il ne marche pas bien, on jugera plus sûrement quels sont ses défauts, & on pourra y remédier sans secousse. Il faut, surtout dans le début d'une constitution qu'on veut rendre solide, que la puisſance légiſlative n'ait d'action ſur le pouvoir exécutif que pour le ſecourir & l'appuyer. Ainſi, toute perſonnalité d'un repréſentant contre un membre du Directoire, ou du miniſtère, doit être regardée comme un crime contre la conſtitution, parce qu'en troublant le gouvernement conſtitutionnel, il détruit la ſolidité du contrat ſocial, & il ramène au gouvernement révolutionnaire, ou à l'anarchie.

Les fonctions du Directoire exécutif feroient effrayantes & preſqu'impratiquables ſans ces quatre loix, que je propoſe ; avec ces loix elles deviennent faciles ; & c'eſt ſur-tout ce qu'on doit chercher.

Toute la ſcience du gouvernement, quel qu'il ſoit, eſt de protéger les propriétés & les perſonnes. C'eſt pour garantir les unes & les autres que les ſociétés se sont formées, & se sont donné des loix.

Les peuples les plus simples ont développé souvent les meilleurs principes, dont on ne s'est que trop écarté, en voulant les soumettre à l'analyse.

Les montagnards de la Carinthie proclamoient autrefois leurs Ducs sur un Pavois au milieu d'un champ. Tout leur code social étoit renfermé dans un vieux distique latin, qui comprend tout ce que la métaphysique a tant embrouillé depuis.

Rusticus et princeps meritó dat sceptra, capit que ;
Sustentat cives ille, sed iste regit.
Serviet ille lubens, bene si servetur ab isto.
Rus colat hic, alter res tegat agricolæ.

« C'est justement que le propriétaire donne l'empire, » et que le prince l'exerce. Le premier nourrit les ci- » toyens, le second les gouverne. Le propriétaire

» obéira volontiers, s'il est bien défendu par le prince.
» L'un doit cultiver, l'autre doit protéger ».

Dans une république, c'est la loi qui est le prince, & les préposés chargés de la faire exécuter doivent jouir spécialement de sa protection, lorsqu'ils remplissent exactement leurs devoirs. Si on les tient continuellement sous le poignard des délations, on les avilit : alors ils n'ont plus ni le courage ni la force nécessaires pour gouverner.

On parle continuellement de vertu en France, mais à force de soupçons on n'y croit plus, & on en étouffe le germe. Si elle cède aux circonstances, on la traite d'indifférence, de modérantisme, d'aristocratie. Il n'y a donc plus que des ambitieux téméraires qui puissent aspirer aux emplois publics, l'homme sage se cache, la prudence l'emporte ſur le patriotiſme.

La révolution étant terminée, la république étant établie par le vœu de la grande majorité de la nation, la conſtitution étant faite & conſentie, le premier effet qui doit en réſulter eſt un changement moral, qui éteigne les haines, les ſoupçons, les injuſtices & les crimes.

La liberté doit être pour tous. Tout Français qui ne veut pas ſe ſoumettre à un gouvernement républicain, doit avoir la liberté de vendre ſes propriétés, & de s'expatrier. La nation n'a le droit ni de le dépouiller, ni de le forcer à vivre ſous un régime ſocial qui ne lui convient pas. Mais auſſi tout Français qui ſe ſoumet à la conſtitution républicaine, eſt tenu de la maintenir & de la défendre.

Ce n'eſt réellement que de l'époque

du jour où a commencé le gouvernement républicain constitutionnel, que commence aussi le crime de lèze-nation. Tout ce qui s'est passé précédemment, aux atrocités près, n'est qu'un combat d'opinions & de factions. Cetre époque doit effacer, s'il est possible, jusqu'aux crimes, pour ne pas les perpétuer; mais s'ils restent impunis pour avoir été trop multipliés, il faut au moins ôter aux nombreux satellites de la dernière tyrannie la possibilité de renouveller toutes les horreurs qui ont souillé cette terrible révolution.

Déjà un certain nombre a été écarté par l'indignation publique, & sans la malheureuse guerre des sections de Paris, on n'auroit plus entendu parler des terroristes & des jacobins. Il est à espérer que les départemens auront choisi peu d'individus de cette secte abhorrée pour former la nouvelle législature, & qu'ils ne présenteront dans la première assemblée qu'une minorité honteuse, qui s'épurera aux législatures suivantes.

En attendant, il est à souhaiter que ces loups déguisés soyent obligés de changer leur langage, & de maudire à l'unisson de la majorité, le terrorisme qu'ils cacheront dans leurs cœurs. Peut-être leur impuissance les corrigera-t-elle, sur-tout si on ne rétablit pas les clubs délibérans, ces écoles publiques où l'on professoit le crime & l'anarchie.

Cette époque doit procurer une renaissance, une régénération de la nation française. Pour pouvoir se conserver république, elle doit se rendre digne de soutenir ce régime austère, qui demande des vertus très-actives. Les meilleures loix possibles deviendroient insuffisantes & illusoires, si le gouvenrement manquoit de la force nécessaire pour les faire exécuter. C'est sur-tout pour la partie de la rentrée des contributions publiques que le Directoire doit être armé d'une grande puissance.

La révolution n'a pas mis d'égalité dans les fortunes; elle n'a fait que changer les riches en pauvres & les pauvres en riches. Les possessions territoriales ont passé des mains des anciens seigneurs dans celles des fermiers. Les hôtels du fauxbourg St.-Germain sont possédés par des agioteurs les plus vils, des commis & d'anciens valets enrichis. Cette nouvelle classe d'aristocrates est bien plus immorale, plus récalcitrante à la loi, que celle qu'on a dépouillée &

contre laquelle on a fait des plaintes si exagérées.

Les cultivateurs ne veulent point recevoir de papier-monnoie, quoiqu'ils veuillent payer en assignats leurs contributions, ils mettent la cherté aux subsistances, & cependant, tant que durera la guerre, on n'a rien à leur reprocher, car c'est sur eux que tombe tout le fardeau des réquisitions en hommes, en chevaux, en bestiaux, en charrois, en denrées; ainsi, cet état de guerre entr'eux & les citoyens des villes, entr'eux & le crédit national, n'est qu'une représaille sans laquelle ils seroient ruinés, s'ils ne trouvoient ce moyen de dédommagement.

Il faut cependant, pour que le gouvernement puisse faire face aux dépenses qu'il soit assuré de la rentrée exacte des contributions, soit en nature, soit en en numéraire, ſoit en papier. Il faut que la loi atteigne le cultivateur qui ne paie pas, mais ſans oppreſſion & ſans ſecouſſe.

La contribution eſt bien plus facile à établir ſur les habitans des villes, parce-qu'elle porte ſur des taxes de maiſons & de rentes, ſur des patentes pour l'induſtrie, ſur des droits de timbre, ſur les tranſactions ſociales, & en général ſur des objets de perception, clairs, faciles, & qu'on ne peut pas auſſi aiſément éluder.

S'il faut au gouvernement beaucoup de force & d'autorité pour établir ſolidement la perception, ou la recette des finances, il en faut bien davantage pour former un tableau de dépenſe fixe & modérée, qui puiſſe rétablir l'équilibre entièrement rompu.

A cet égard le mal eſt ſi grand, que quand même le crédit des papiers ſeroit élevé, quand même les dettes de la France ſeroient entièrement payées, ſa dépenſe exceſſive ſuffiroit ſeule pour produire en peu de tems la perte de la république. On eſt effrayé quand on penſe que pour pouvoir redreſſer cette balance, il faut parvenir à ne dépenſer en une année que le tiers, ou au plus la moitié de la dépenſe d'un mois.

La dépenſe annuelle du gouvernement révolutionnaire monte à plus de vingt milliards par an, & tous les gouvernemens de l'Europe réunis ne pourroient pas ſoutenir cette dépenſe pendant dix ans. A la vérité le diſcrédit des papiers produit une hauſſe fictive, qu'il faut calculer preſqu'aux dix-neuf vingtièmes de cette ſomme. Lorſque ce funeſte papier ſe relevera, ou s'anéantira, lorſque la maſſe des mandats ſera diminuée, ou lorſqu'ils ſeront entièrement hors de la circulation ; lorſqu'après avoir épuiſé encore d'autres reſſources frivoles de papier, comme minoratifs de l'inévitable banqueroute, on ne recevra plus dans les échanges que le numéraire ; lorſque les dépenſes exceſſives de la guerre, lorſque les folles & criminelles dépenſes d'un gouvernement ſoupçonneux & tyrannique ſeront ceſſées, alors on pourra eſpérer de réduire la dépenſe au taux de la recette.

Mais comme tout eſt immoral dans le tourbillon de cette révolution, comme chacun regarde ſa ſolde comme la moindre partie du gain qu'il ſe propoſe, parce que tous deſirent que la progreſſion de leur fortune ſoit auſſi rapide que les évèemens de la révolution, chaque partie e l'administration est devenue un antre e voleurs. Il faut que le Directoire deienne véritablement l'HERCULE FRANAIS, pour purger ces cavernes de crimes de larcins. Il lui faut donc beaucoup e force & de courage, une indépenance absolue & sur-tout une grande laitude d'autorité.

Indépendamment des déprédations à étruire, il n'est aucune partie de l'adninistration, dans laquelle il n'y ait à aire une réforme des quatre cinquièmes. 'ai vu le temps où quarante commis aisoient marcher le ministère de la guerre ; il en occupe aujourd'hui dix ois autant.

Plus d'un huitième des habitans de la rance est soldé par la nation, & c'est récisément cette multiplicité de gens ſalariés, qui en ruinant l'état empêche le gouvernement de marcher.

Comme il ne doit plus être queſtion de payer les factions & les crimes, il ne doit plus y avoir de ſolde que pour l'utilité, d'encouragemens que pour l'induſtrie & les arts, de récompenſes que pour la vertu, & de ſecours que pour l'indigence.

Cette guerre ſanglante, & trop prolongée, tant extérieure, qu'intérieure, occaſionnera pour très-longtemps une double dépenſe, même après ſa terminaiſon. La république paiera long-temps deux armées, l'une active de terre & de mer, réduite à une juſte proportion; l'autre paſſive, des vétérans, des eſtropiés, des veuves, des orphelins, dont la ſubſiſtance eſt la dette la plus ſacrée de la nation; il faut compter encore ſur

ſur beaucoup d'autres penſions juſtes & néceſſaires pour d'autres genres de ſervice. La totalité de ces récompenſes abſorbera indiſpenſablement un ſixième des revenus de la république.

Il eſt temps que l'affreux principe prêché par Cambon & ſes pareils, que l'ingratitude eſt la vertu des républiques, faſſe place à un principe plus juſte & plus noble. Il eſt temps que la reconnaiſſance nationale devienne la vertu du patriotiſme & des talens. Le ſoupçon ne produit que des hypocrites, des délateurs & des factieux. La confiance & la gloire produiſent des héros & de bons citoyens. Telles ſont les vraies colonnes qui peuvent ſeules ſoutenir le temple de la liberté républicaine.

CONCLUSION.

TOUT ce que je viens de dire ſur la république françaiſe a pour baſe l'hypotèſe, 1°. de la majorité abſolue des ſuffrages pour l'acceptation de la conſtitution de 1795, 2°. de la perſévérance des Français à ce régime qui exige de grandes vertus & de grands ſacrifices, 3°. de la force & de la volonté du nouveau gouvernement pour abattre toutes les factions, 4° de ſa ſageſſe pour procurer promptement la paix générale, 5° de ſon habileté pour rétablir les finances, retirer ou réacréditer les mandats, égaliſer la dépenſe à la recette, raviver l'agriculture, le commerce & l'induſtrie,

& faire de la justice la base unique de sa politique extérieure & de sa conduite intérieure.

Si cette hypotèse n'est qu'une chimère, si le bien qu'on espère n'a que de l'apparence & point de réalité, si on continue à tromper le peuple, à le rendre cruel & séditieux, en le berçant de la chimère d'une démocratie qui ne peut pas avoir plus de durée & plus de solidité, que l'attitude d'un homme qui entreprendroit de marcher toujours la tête en bas & les pieds en l'air; si l'assemblée des Représentans ne se circonscrit pas sévèrement dans ses fonctions législatives, si elle entrave la marche du gouvernement par des factions, des délations & des déclamations vagues, ignorantes & indécentes;

Si le directoire exécutif se montre ou

factieux ou foible, ou injuste, ou cruel, ou divisé, ou ignorant ; s'il continue la guerre sur des plans téméraires, funeste conséquence d'un système usurpateur insoutenable, s'il ne vient pas à bout d'approvisionner sur-le-champ les armées, de les discipliner, de fortifier, ou ranimer leur confiance, qui semble fort diminuée depuis le mois de Septembre ; sur-tout s'il ne vient plus à bout de remonter le crédit des finances & de les rétablir sur une base solide ;

Si la nation n'apperçoit pas la fin des maux qu'elle souffre depuis six ans, dans le nouvel ordre de choses, ou plutôt dans les agents chargés de réparer les calamités, dont une partie sont leur ouvrage.

Alors on peut trouver encore dans la constitution de 1795 la propriété de la lance de Telephe, elle ſeule peut guérir les bleſſures qu'elle aura faites, & pour éviter la banqueroute, l'anarchie, la guerre civile & le deſpotiſme, il faudra conſerver précieuſement cette conſtitution, dont il n'y aura en ce cas à échanger que le titre du pouvoir exécutif pour le ſimplifier, & le réunir ſur une ſeule tête ſous quelque dénomination que ce ſoit. C'eſt dans l'année 1796 que le ſort de la France ſera enfin décidé, & que les Français après une métamorphoſe de ſept ans deviendront hommes.

www.ingramcontent.com/pod-product-compliance
Ingram Content Group UK Ltd.
Pitfield, Milton Keynes, MK11 3LW, UK
UKHW022117190726
13855UKWH00003B/919